自分さがしの旅

斎藤一人

ロング新書

はじめに

人間というのは、だいたいは〝さだめ〟というものに身をとられ、流されているものだ。

しかし、人生の舵をとり、好きなところへ行くこともできる。
自分で人生を開拓していくことができるのだ。

あなたがもし、流れ流れていく人生を望むのならば、
はっきりいいましょう、

この本を読む必要はまったくありません。

なぜなら、この本は、
笑いながら納税日本一になってしまった、
〝一人さん〟こと、わたし斎藤一人が、
楽しくて効果絶大の、
人生の開拓法を伝授するものだから。

人生を開拓したいあなたへ、この本を捧げます。

斎藤一人

序　あなたが本当に望む世界へ
――人生の主導権を握る

本篇 〝本当の自分〟に戻って宝の人生を手に入れる
――一人さん流・自分さがしの旅

番外篇 日本で最高に強運な人の考え方

――過去は変えられる！

編集部より

この本に書いてある文章は、元々、一人さんのふだんの会話や、愛弟子さんたちにお話された音声を、できるだけ忠実に活字に起こしたものをベースに、一人さん自ら手直しを加えたものです。

なるべく一人さん本来の姿・雰囲気を読者のみなさんにお伝えしたく、一人さんの口調をそのまま生かしておりますこと、ご了承ください。

序

あなたが本当に望む世界へ

——人生の主導権を握る

人生の主導者たらん

オレたちは、今世、寿命がくるまで生きるんだけど。
魂は不滅だ、っていうんだよな。
肉体はなくなっても、魂は死なないんだよ。
何度もなんども生まれ変わる。
だからって、流れ流れて行くことはないんだ。
自分から行くんだよ。
オレたちは人生の指導者にならなきゃなんない。

わかるか？

もちろん、みんなは自分の好きなところに行けるよ。
どこに行ったって、かまわないの。
ただ、しっかり自分が舵をとるんだ、という気持ちね。

人というのは、みな〝意志〟という、舵をもってる。
この〝意志〟という舵をとりながら、人生、自分の好きなところへ船をつけられるようになってるの、だから。

いいかい、覚えておきなよ。

人にはな、それぞれ〝さだめ〟というものがあるんだよ。

この〝さだめ〟に一〇〇の力があるとしたら、人には一〇〇の〝意志〟がある。

〝意志〟の力でもって〝さだめ〟は、どうにでも、変えられるんだよ。

人は、流れていくこともできるけど、自分で行く先を決めることもできるんだよ。

自分の人生は、自分の〝意志〟でどうとでも変わる――といいたいの、オレは。

神は、オレたち人間に〝意志〟も何ももたせないで、「修行に行ってこい」なんてことは、ゼッタイしないの。

じゃなかったら、この世に生まれたかいがない。

オレたちは、ただ流されるためだけに、ここへ出てきたんじゃない。

自分で人生を開拓し、しあわせになるために生まれたんだよ、だから、しあわせになんなきゃイケない、それは義務なんだよ。

自分の人生の指導者じゃなきゃイケない。


あのな。

みんなは、自分が主役、それぞれの人生において、自分が主役なんだよ。

だから、一人さんは、一人さんの人生ドラマの主役。

あなたの人生はあなたが主役なんだよ。

それぞれの人生、ドラマがあるんだよ。

流されて生きるドラマと、自分が作り上げていくドラマ、この二つのパターン。
この二つのうち、どっちのドラマを、あなた、行きたいですか？

家族がどうで、こうで、わたしは悲しい娘、って。
悲しい娘として生き、それで人生を終えるのか。
今からこの先、しあわせな娘としての人生を送るのか。
どっちにするかは、あなた次第、あなたの〝意志〟次第。

わかるかい？

自分はどんな人間になりたいんだろう——それを考えだしたときから、人はよりステキな自分のドラマを作りだすんだよ。

自分は大工しかできないんです——っていうけど、そういう人がホントにいたら、よっぽど特殊な人だね（笑）

オレたちのなかに神がいる、っていうの。人は神さまの分霊《わけみたま》というのをもらってて。未熟だけど、みんな、神なんだよ、って。

だから、よく「向き不向き」っていうけど、オレは、一人さんはそんなこと、ホントは信じてない。
人間は未熟ながら、神で、だから、何でもできるんだ、って。

いや、プロレスラーとかさ、相撲取りとかは別だよ（笑）。
だけど、たいがいのことは、何でもできるんだよ。
だから、よく、
「オレは大工しかできないんだ」
とかっていうけど、違うよ。
大工しかできない人間、そんな特殊な人間はいないんだよ（笑）。
ウソだと思うなら探してごらん、ゼッタイいないから（笑）。
ねぇ、大工ができるなら、左官屋だってできるんだよ。

ホントに、人間ってね、いろんなことができるの。

おもしろいんだけどさ、軍隊に適性とかって、ないんだよ。上官が勝手に「はい、あなた通信係だよ」って決定したら、通信係になって、ツーツー、ツーツー、って覚える。間違えたら、後ろからパカーンって、上官に殴られる（笑）。そうすると、誰でもできるようになっちゃうんだな（笑）。

軍隊って、昔の日本軍は「最強の軍隊」。軍人は「最強の軍人」といわれてた。

じゃあ、あの人たち、最強の人たちですか？——っていうとそうじゃない。

ほとんどは、農家から連れてこられた人とか、元は床屋さんだったり。
ともかく、人を撃った経験なんか、誰もないんだよ。
それだって、訓練されたら、立派な軍人になっちゃう。

だからホントは、人間って、何でもできるの。
たとえば公務員の人だけど、ホントに「自分は公務員しかできません」って
いう人間が存在するのなら、ぜひお目にかかりたいよな（笑）。
そんな人間、ゼッタイいない、何でもできる。
何でもできるから、あえて、オレはこうやって考える。

どうせ、何でもできるのなら、オレは何をやりたいんだろう？——って。

何やったって苦労はするけど、不思議と好きなことは苦にならないね

オレはパソコンとか、いじったことが一回もない。けどな。

パソコンで顧客リストを作れなかったら、一カ月後にジュウサツって決定しました――っていった瞬間、オレは血相変えて、わぁーってパソコンの練習して（笑）。

一カ月もたたないうちに、もう顧客リストしあげちゃうの。

わかるかい？

何なにが、いついつまでにできないと必ず死ぬ、ってことになったら、一人さんな、やりたくないことでも死にものぐるいで、がんばっちゃうんだよ。だって、まだまだ死にたくないもんなぁ（笑）。

だから、人って、ただ「五〇万円のダイヤモンド、売ってこい」といわれたんじゃ、必死になってがんばれないか、わかんないけど、「一カ月後に、五〇万円のダイヤが売れてない人は、ハリツケということに決定しましたー」っていわれたら、あなた、親から姉妹から、親戚、長いこと会ってない友だち、いろんなとこ行くよな（笑）。

そうやって、人間、あがけば、なんとかなる。

だから、ホントは何でもできるんだよ。


どうせ何でもやれるんだとしたら、あなたがホントにやりたいのは何なんですか？


どうせ何でもできるの。

何をやろうが自分の思い通りにはならないことがあるの。苦労するのは同じなの。

だけど、好きなことって、苦にならないな。

不思議なんだけど、たとえ人の三倍たいへんなことがあっても、楽しくて楽しくてしかたがない。

だから一人さんって、発想が違うんだよ。

みんなは、今の自分は大工しかできないとか、サラリーマンしかできない、主婦しかできない、何なにしかできない、って。

実に自信なさそうな顔でいうんだよ。

その理由、自信をなくした理由は、学校の勉強ができなかった、いい学校に行けなかった、何ができなかった、かにができなかった。

だけど、その「できなかったこと」って、社会に出て使ったこと、あるの?

「方程式ができなくて」って、サラリーマンでも、ラーメン屋のチェーン店を経営している社長でも、日ごろ方程式、使ってる?

使いもしないことで自信なくしてるの、バカバカしいよな。

損な生き方だと思うよ。

自分の人生は悲劇だと決めてきてる人は、そのドラマ、変えちゃえばいいんだよ

人の人生、一つひとつ、全部ドラマだよな。
そのドラマ、オレたちは自分自身で作れるんだよ。
一人さんは、一人さんのドラマを作ってきた。
みっちゃん（一人さんのお弟子さんで、まるかんの社長のみっちゃん先生）

や、はなゑちゃん（一人さんのお弟子さんで、まるかんの社長の舛岡はなゑさん）、他のまるかんの社長たちも、それぞれ自分たちのドラマ、作ってきたんだよね。

だから、できるんだよ、誰だって。


人って、ただ流れをただようだけの、そんな弱い生き物じゃないんだゾ。


どんな〝さだめ〟だろうが、〝意志〟という舵を、神から授かってる。

だから、その〝意志〟をもってな。

たとえば、好きでホステスさんになったんならいいけど、流されてホステスになったんじゃや、そっからまた流されちゃうよ。

けど、自分の意志で流れをこいできゃ、銀座のクラブのホステスさんになろうが何しようが、自分でしあわせのほう、しあわせのほうって、ちゃんと舵とれるから。

それと、自分が、自分の人生の脇役になっちゃダメだよ。
あなたは、あなたの人生の主役。
みっちゃんの人生の主役はみっちゃんで、一人さんはあくまでも脇役。
わかるかい？
はなゑちゃんの人生は、はなゑちゃんが主役で、オレたち脇役なんだよ。
それで、そのドラマの脚本は、自分で決めるんだよ。
ちなみに、一人さんは「自分の人生は喜劇」と決めてるの。
だから、オレの人生、おもしろくてしようがない。

何が起きてもおもしろいんだよ。
だって、オレは、喜劇なんだよ。

だけど、なかには「悲劇」と決めてきてる人もいる。
そういう人の人生って、何でも悲しくて、何しても泣くんだよ。
だけど、その悲しいドラマ、本当は、いとも簡単に変えられるの。
脚本、変えればいいんだよ。
それで、オレたちはね、主役で脚本家なんだよ。

だから、一人さんは、たとえ、ものすっごい苦労がきたって、「笑い」なんだよ。
ふつうの人なら自殺しちゃうようなことでも、オレだったら大笑いなんだよ。

なぜかというと、「喜劇だ」って決めてるから。

だから、おかしくてしようがない。

いろんなことが起きるとね、おもしろくてしようがないんだよ。

わかるかな？


オレが子どものころ、新小岩に映画館が七軒あって、毎日、毎日、映画ばっかり観てたんだよ。

そのときに、『二等兵物語』というのがあってな。

それを観ながら、オレね、感心したことがあってさ。

何に感心したかって、軍隊というところは厳しいじゃない？

上官に殴られたり、いじめにあったり、いろいろ、つらいことがあるだろ？

『二等兵物語』は日本軍の様子を描いた、喜劇なんだよ。突撃しようが、なにしようが、とにかく笑えるの。だから、軍隊ですら、笑えるドラマになるんだよ。

それはなぜですか？――っていったとき、監督やなんかの頭のなかに「喜劇映画を作るんだ」という意図があった。

悪い上官に、部下が〝フケ飯〟というのを食べさす場面があるんだけど、これがスゴい（笑）。

〝フケ飯〟を食べると腹痛《はらいた》を起こすらしいのね（笑）。

これを、悪い上官のところにもっていくと、パッと見て、「これ、フケ飯、おまえ、作ったろ」って（笑）。

「オレも昔、上官にやったんだ。おまえ食え」っていわれて、やんや、やんや。

あれがね、何とも、おかしくってな。

だから、この世の中ね、おもしろいと決めれば、全部おもしろいんだな。
だから、みんなも、自分の人生、自分で決めたほうがいいよ。
自分の人生な、成り上がりでもいいんだよ。
ウチにはお金がないんです――ということは、成り上がりになれるんだよ。

あのな。
昔から、代々お金持ちの家はお上品、と決まってるんだよ。
オレたちは成り上がり。
成り上がりには、成り上がりのよさ、というのがあるんだよ（笑）。
外車を買って、いい女を隣りに乗っけて、って、成り上がりじゃなきゃできないことがあったりすんだよな（笑）。

それをいちいち、「自分は成り金だから」とか、いっちゃいけない。

成り金は、お客さんを喜ばせて利益を出して、雇用を作って、って。

正当なる努力をして成り金になったんだから、エライんだよ。


じゃ、成り金になるのもたいへんなんですね――って、好きでやってんだから、苦になんないの。

人生は、楽しむ気になりゃ、どんなことしても楽しめるんだよ。

だから、自分が主役、主導権を握ってないとダメだな。

あの人と結婚するつもりが、違う人を選びましたことは自分の〝意志〟でやめたんだよな

人生、自分がどんなドラマを作るかにかかってる。

どんな人生にするか、って決めておかないとダメなんだよ。

決めたら、後は、自分で舵をとる。

そしたら、自分が望む場所へ船が向かうようになってるの。

ちっちゃい船だって、しっかり舵をとってれば、ハワイでも、アフリカでも南極でも行けるんだよ。

だけど、舵がないと、ただようだけなの。

舵とはなんですか？

〝意志〟なんだよ、オレたちには〝意志〟がある。


あのな。

よく、こういう話、聞いたことないかい。

あなたは、前世、あの人と結婚するはずだったけど、違う人を選んで結婚してしまった、って。

てことは、結婚する〝さだめ〟だったのに〝意志〟でやめたんだよな。

そうだろ、ホントはあの人と結婚するはずが、こっちと結婚したんだもんな。

てことは、〝意志〟でやめたんだよな。

親がこっちの人に決めたって、自分は「こっちの人はヤよ」って、あっちに行くこともできる。

わかるかい？

だから人間は、〝意志〟が勝れば、運命はどうとでも変わるんだよ。

ただし、〝さだめ〟が強きゃ、〝意志〟も強くなきゃなんない。

〝さだめ〟が一五〇だとしたら、〝意志〟も一五〇出せばいいんだよ。

〝さだめ〟が二〇〇なら、〝意志〟は二〇〇。

そうすりゃ、プラスマイナス、ゼロで、自分の好きなところ、行きたいところに行ける。

だから、「自分のはすごい〝さだめ〟だなぁ」と思ったら、もっと強い〝意志〟をもてばいい。

じゃ、どうやったら、強い〝意志〟をもてますか？
人生の主導権を握れますか？
っていうと、自分のなかに光がないとダメなんだよ。
なかが曇ってる、黒いものをもったままだと、運命に負けちゃうの。
だから、【一人さん流・自分さがしの旅】なんだよ。

本篇

〝本当の自分〟に戻って宝の人生を手に入れる

――一人さん流・自分さがしの旅

ほとんどの人は、
自分が思ってることの数%も、自分じゃないんだよね

今から〝自分さがしの旅〟という話をします――。

いっとき〝自分さがしの旅〟というのが、はやったけど。
「青森に行った」とかさ。
「九州に行った」とか。
いろんなことが、あるんだけど。
自分のルーツを探る〝自分さがしの旅〟っていうのもあるんだよな。

自分のおじいちゃんが出たところとか、先祖が出たところとかな。

そういう、ルーツ探しと、一人さんのいう〝自分さがしの旅〟とはまた別の話なんだよね。

じゃあ、一人さん流〝自分さがしの旅〟って、どういうのですか？――って

いうと、自分の記憶のなかを旅する。

そして、「〝本当の自分〟って、どんな人なんだろう」って。

今までいろんな人を見てきて、オレが思うのは、

「あなたは、ホントにあなたですか？」

ってことなんだけど。

オレと相対《あいたい》してる、この人は、「自分はこういう人間だ」と思ってるけど、それは〝本当の自分〟なんだろうか？

要は、「あなたが思ってる、あなたは、本当のあなたじゃないよ」って、一人さんはいいたいワケだよな。


いや、その人がしあわせなら、いいんだよ。

しあわせなら、オレは別に、そのままでいいんだよ。

だけど、つまんなそうな顔してたり、どっか陰があるとか、不幸そうにしてると、

「あなたはホントにあなたなんですか？」

という質問をオレは、することがあるのね。

そうすると、みんな、キョトンとした顔するんだけど。
みんな、「わたしはこう思ってます」とかって、いうだろ。
「自分の意見はこうだ」って。
果たして、自分が思ってることの何％が〝本当の自分〟の判断なんだろう
――。

あなた、考えてみたことある？

みんな、ビックリするけど、オレが見たところ、一〇％もないね。

だから、「自分は引っ込み思案なんだ」とかっていうのは、親とか親せきに、ちっちゃいときから、そういわれてて、自分がそう思い込んじゃった、

とかな。

「ウチはお金がないからダメなのよ」とか。

こんな貧乏くさいことを、周りの大人たちがいったり、やったりしてるのを、そばで見てるうちに貧乏漬にされちゃったりね。

それから、「いい学校に行けない人は落ちこぼれだ」とか、「英語ができなかったら、出世できない、万年平社員だ」とかって。

親とか、学校の先生、世間が、何百、何千と、そういうことをいってて。

それを聞いてるうちに、「自分は落ちこぼれだ」「落伍者だ」と思い込んじゃってて。

あなたに洗脳みたいなことをした、親や学校の先生やなんかを非難しろ、悪者だからやっつけろ、って、いってるんじゃないの。

オレが、一人さんが問題にしてるのは、たとえば、こういうことなんだよ。

クラス会やなんかに行ったとき、成績がいちばんだった子が、いちばん出世してますか？――っていうと、そんなこと、明らかにないの。

明らかに「ない」にもかかわらず、いまだに、

「自分は学校時代に勉強ができなくって……」

とかって、昔をひきずって自信なくして、落ち込んだり、してるんだよな。

間違っていい成績をとったのに、親は本気で期待する（笑）

自信を失ってる人たちが、ホントにすごく、多いんだけど、その人たちに共通してるのが、

「自分は親の期待にこたえられなかった」

ということなのね。


たとえば、間違って、いい成績やなんかとっちゃった、と。

いやね（笑）。

人間、誰にでも間違いはあるからな（笑）。

だけど親は、「間違った」とは思わない、すごい、喜ぶんだよな（笑）。

そうすると、子どもはうれしくて、「またがんばろう」ってなる。

当然だよ、子どもは、親の喜ぶ顔を見たいんだもん。


ただ問題は、間違っていい成績をとっちゃった。

そしたら、その後に、ペケだらけの試験の紙を親に見せたときに、親はすごいガッカリした顔をする。

そんなこと、されるたびに、子どもは、段々、段々、落ち込んできちゃう。


そういう人がある程度の年齢になってくると、ある日、とんでもないことを考えだすんだよ。

自分ができもしないことを、「よし、やるゾ！」って。

それによって、自信をつけたい、というのか、他人《ひと》に「スゴい！」と思われたいのか。


ところが、たとえば、「英語をしゃべれるようになろう」と思って、英会話を習ったり、するんだけど。

ホントに必要があってやってるワケじゃないから、できないんだよな。

たとえ、できたとしても、今どき英会話ができたって、珍しがられないだろ。

だから結局、そこでまた自信をなくして、落ち込むんだよ。


あと、「今年は日記を書こう」とかいう人もいる。

この場合も、元々、日記を書きたくて書くワケじゃない。

自分に自信を取り戻したくて、やってることだから当然、日記も続かなくて、落ち込むんだけど。

問題は、あなたを落ち込ませた、それ、ホントにあなたに必要だったんですか？

人って、たいがい、ふつうに生きて、ふつうの人生を送るようになってて。
学校ってのは、毎日、違う内容を、やらせるんだよね。
だけど会社ってさ、毎日、ほぼ同じことしてるんだよ（笑）。
だから、あなたが生きていくには、会社でできる程度のことで十分なの。
たいがいの人は、まじめに働いて、笑顔で働いてりゃ十分、間にあうんだよ。
ふつう、学校では、それぞれ個性も〝さだめ〟も違う、いろんな生徒がごちゃまぜ状態でいるから、先生はまんべんなく、あたりさわりのない程度に教えるんだよ。

だけど、授業で教えてることのほとんどは、社会に出ると必要ない。

必要のないことは、人は受け付けないようにできてるの。

それを、いろんなことができない自分を「ダメだ」と思っちゃうけど、実は、ダメだと思ってる部分って、自分の人生には、いらないんだよ。

わかる？


自分に必要のないことで、落ち込んでることが多いんだよ——っていいたいの。

「方程式とかができなかった」とか、「いい学校に入れなかった」って。

「いい学校に入れない」とかっていうのは、要は、方程式だとか、歴史だとかができなかったんだけど。

事実上、社会へ出て、あなたのできなかった方程式を使ったことが一回でもありますか？

一回も使ったことがないんだよね。

社会に出てから、「鎌倉幕府は何年にできましたか？」とか（笑）、聞かれることも、まったくないよね。

だから、あなたは、まったく必要のないことのために落ち込んでる。

それってゼッタイ、おかしいんだよ。

自分の記憶のなかを旅する〝自分さがしの旅〟

ゴキブリがちょろちょろ、目の前に出てきたときに、

「ギャー!」

って、大騒ぎして、パニックにおちいっちゃう人がいる。

すずしい顔して軽くポン! って、ゴキブリ叩き殺しちゃう人もいる。

それから、学校時代、成績の悪さは同じでも、自信なくして暗く生きてる人がいれば、オレみたく自信マンマンで生きてる人もいるんだよね。

同じ現象が出たときに、こうも真逆の反応が出るのはなぜなんだろう?――っ

ていったとき、「ギャーの法則」というのがあって。

ゴキブリを見たときに「ギャー！」っていう人の場合、元々、親やなんかが「ギャー！」っていってたんだよ。

ちっちゃい子からしたら、大人というのは絶対的存在。

その大人が「ギャー！」って叫んだら、子どもの脳に「ゴキブリは怖いものなんだ」とインプットされちゃうの。

それが、ずぅーっと、現在にまで持ちこしちゃう。

一方、ポンとたたき殺しちゃうような人の場合、ゴキブリが出ても、家族は「なんだ、ただの虫じゃねぇか」って、スリッパで一発スコーン！　みたいな（笑）。

そういう家で育った子って、大人になっても、ゴキブリが出たって、なんのことはないんだよ。

わかるかな？


過去の影響ってあるんだよ、過去に経験をしたことが現在を作ってる。


だから、「学校の勉強ができなかった自分は落伍者だ」とか、

「お金がない家の子はダメなんだ」とか、
子どものときに親とかにいわれたんだよな。

だけど、それをいった親自身も、小さいときに、その親からいわれてきたの。

負の遺産、みたいなものが、代々、その家に受け継がれてきて。

しかも、そういう家庭がつきあう人たちって、類友の法則で、似た者同士つきあうんだよな。

その結果、あなたは否定的な意見をずぅーっと聞かされて、なんていうの？古漬みたく、否定漬にされて、それが間違ってても、あなたの常識として当たり前になっちゃってるんだよ。

だから、自分が否定的になっちゃったときね、消極的になったり、落ち込んだり、悲しくなっちゃったときに、「この思いは、どこからきてるんだろう」一回、過去にもどって考えてみる。

だから、一人さんの〝自分さがしの旅〟とは、自分の記憶のなかを旅するの。自信を失う前の自分、否定漬にされる前の自分、こわがりだとか、心配性だとか、そういう性質をもつ前の自分に会いに行く。

わかるかい？
だから、否定漬にされる前の自分が〝本当の自分〟。
この、自分本来の姿に一回、帰ってみようよ、っていう。

それと同時に、過去に自分が失敗したこと、恥ずかしく思ったできごと、自信を失ったことや傷ついたこととか、思い出すといい気持がしないような過去を一個一個、〝いいこと〟にひっくり返しちゃうの。
オセロで黒いコマを白に変えるみたいに、変えちゃうんだよ。

オレたち歴史上の人物じゃないんだからさ、過去はどうにでも変えちゃって

過去は変えられないけど、未来はどうにでもなる——という話、聞いたことあるだろ？

でも、どうにもならないよ（笑）。

あなたの、その嫌な過去を変えないで、未来はしあわせ、って無理。

なぜなら、あなたは子どものときから、ずぅーっと否定漬、貧乏漬にされて

きて、不幸グセがついちゃってるから。

そういう人は、今日も、明日も明後日も、ずぅーっと不幸なんだよ。


オレは「過去はどうにでもなる」っていうんだよ。

過去って、自分の頭のなかにある思い出だからな。

思い出ってのは、どうとでも、自分の好きなように書き変えられるんだよ。

オレたち、歴史上の人物じゃないんだから、そんな、歴史の教科書に載っかってるワケじゃないからね（笑）。

変えちゃっても全然問題ないの。


これ、たとえ話なんだけど、オレね、同級生に会うたびに、

「中学の頃は、オレも生徒会長でたいへんだったよ」

とかって、ずぅーっと、いってたのよ（笑）。
もちろん、ロクに学校も行かなかったオレが生徒会長、やってたワケないじゃん。
だから、冗談でいってたんだよ。

そしたら、何十年といい続けてたら、この前、友だちがオレにいうんだよな。
「そういや、斎藤、おまえは生徒会長だったもんな」って。
いちいち覚えてないんだよ（笑）。
中学の頃の思い出を楽しく変えたって、向こうは、わかんない（笑）。
だから、みんなもさ、過去のマイナスの場面、場面に戻ったときに。
小学校のときにこんな失敗をした、おねしょした、いろんなことがあったと思うんだよ、な。

だけど、事実上、そのこと、誰も覚えてないの。

だから、それを楽しい思い出に変えちゃって。


過去を変える、というのは、たとえば、みっちゃんが何年か前に、パーティで乾杯の音頭をとることになったんだけど、アガっちゃって、コップをもってないのに、

「カンパーイ」

っていっちゃったんだよね。

そのときのことを思い出すと、みっちゃんは、

「今も、顔から火が出るぐらい恥ずかしい」

っていってたんだよ。

で、そのとき、一人さんは「みっちゃん、それやめな」って。

「それをいうなら、腹がよじれるぐらい笑っちゃう、っていってごらん」って。

みっちゃんが、それをいったら、その過去は、ホントに笑える楽しい思い出に変わっちゃったんだよね。

そうやって、みんなも、オセロみたいに黒を、くるっ、くるって、白に変えていけばいい。

過去に、いじめられてた記憶もあるだろうけど、そのとき、あなたは自殺しなかったんだよな。

だから、ふつうだったら、自殺してもおかしくないのに、自分は死なないでここまでこれてる、ってスゴいよ。

なんて強いんだろう、って。
しかも、そのあと、あなたは他人《ひと》をいじめなかったんだよな。
世の中、下には下がある、っていうだろ。
あなたより弱い子がいたはずなんだよ。
だけど、あなたは、弱い者いじめをしなかった。

やさしいんだよ、あなた。
自殺もしなかったんだよ。
そしたら、「オレって、強くてやさしいから、今があるんだな」って、その
記憶をプラス、プラスにひっくり返す。

魂は自分の未来を知っているから、「英語、いらない」って

たとえば、学校時代に英語ができなくて、自信を失った人がいる。
そういう人は、大人になって、英語とはまったく縁のない世界に生きているんだよね。
わかるかい？

人間っていうのは、困らないようにできてるんだよ。
将来、英語を使う仕事をするとか、ホントに英語が必要な人は、英語が好きになるようになってるの。

魂は自分の未来を知っているから、そうなっちゃうんだ、って。


だから、オレなんかの場合、方程式を見たときに、

「あ、これ、いらない」

と思っちゃうんだよ（笑）。

人生において方程式がいらない人は、まったく方程式に興味を示さないの。


それを、自分が興味のないものを、いっしょ懸命、努力してやる。

その場合の努力は、それを本当に必要な人の四倍も五倍もいるんだよ。

ところが、その成果は、三分の一ぐらいしか出ない。


そうすると、どんなに努力して努力しても覚えられなかったことに関して、

あなたは、自分に嫌悪感みたいのを覚えたかもわかんないけど、実はそうではないんだよな。

覚えられなかったのは、あなたに必要のないことだからなんだよ。

ね、だから、過去へもどって、心のふるさとを旅する。

中学のとき、自分は英語ができなかった。

「できない」じゃないんだ。

オレの魂は「英語はいらない」ということを見抜いてた、オレって天才なんだ――そうしていうと、全然、違うだろ。

いや、これ、冗談じゃなくて、一人さんは本気でいってるんだよ。

オレは元々、いらないものは受けつけないんだよ。

天才だから（笑）。

それから、自分は運動神経がなくて、駆けっこするといつもビリで、ドンくさい人間なんだ、じゃないの。

自分は、他人《ひと》を追いかけたり、追っかけられることもない、安心した、落ち着いた人生を送る人間なんだ――とかって、ひっくり返してくる。

オセロゲームみたいに、くるっくるっ、くるっくるって、白にひっくり返っちゃったらスカッとするじゃん。

〝自分さがしの旅〟から帰ってきたときには、自分が今いる世界で、機嫌よく生きられるんだよね。

学校の先生は、自信を奪ったんじゃない
自信がつくような言葉をいうことができなかったの

子どもの頃、大人をながめてたときにね、大人ってすごい、完ぺきなものに見えたの。

ところが、自分が大人になってみると、完ぺきどころか、外見が変わっただけ。

中身はたいして、若い頃と、変わってないんだよな（笑）。

「大人って、落ち着いてるな」と思ってたけど、全然、落ち着いてないしね。

動きがにぶくなってるか、くたびれてるだけ（笑）。

知らない人からしたら、それが落ち着いて見えるだけ。

大人といっても、中身は発展途上というかさ、魂的にいうと、まだまだ青くて未熟なんだよ。


だから、たとえば、オレの通ってた学校の先生は、昔、よくこういってたの。

「斎藤君は成績が悪くて、将来、ロクなもんにならない」って。

そしたら、オレは先生に、

「先生は易者かよ、オレの未来がわかるのか?」

って、返すんだけど(笑)。


問題はな。

確かに斎藤君は、成績が悪い。

だけど、学校は、成績の悪い生徒に自信をもたして、社会に出さなかったらダメなんだよ。

成績のいい生徒には、「成績がいいから、大丈夫だよ」といってりゃ、いいんだよ。

でも、成績の悪い人間、つかまえて、「おまえ、成績が悪いからダメだ」っていったりするんだよ。


オレなんかだと、先生にジョークで返して、やっつけちゃえるけど、すごく傷ついちゃう人がいるんだよな。

成績が悪いうえに自信まで奪っちゃって、その人間は、この先、どうやって生きていったらいいんですか？　って。

だから、斎藤君も悪ガキだけど（笑）、先生も、指導者としては、まだまだなんだよね。

他人の魂も、自分の魂も、天の神さまの分霊で、傷つけちゃイケないの。

それより、先生は、「斎藤くんは成績が悪いけど、みんなを明るくしてるね」とか。

「キミの周りには人がいっぱい集まってくるから、社会に出たらエラくなるよ」とか、相手が喜ぶことをいわなきゃ。

って、オレはいうんだけど。

先生は、相手が喜ぶことをいえない人だったんだよ。

できるのに、やらなかった、じゃないの。

できなかったの。

簡単にいうと、未熟なんだよな、非常に。

そしたら、大人になった自分が「この人は未熟なんだ」ということに気づいて、先生を見たときに、

「とんでもないヤツだ！　教師失格だよ」

と思っていたのが、

「あの先生は非常に未熟なのに、四十何人もの生徒の面倒をみなきゃいけないから、すごい必死でがんばってたんだな」とか。

「オレみたい、いうこと聞かない生徒を引き受けちゃって、先生、たいへんだったろうな」とかって。

そうやって、過去をひっくり返した、その瞬間に、

「あぁ、ありがたいな」って。

しみじみ、そう思う。

そこまで掘り下げていったときに、自分が生きてきた、この人生、一個一個、無駄がなかったんだ、って。

そういう境地にたどり着く心の旅が、【一人さん流・自分さがしの旅】なんだ。

親というものは完ぺきであるべきと思ってると、親の未熟さは不満の種なんだよ

親は子どもに期待をした。

子どもの自分は、期待に応えようと努力したけれど、応えられなかった。

そのとき、子どもの心のなかは、親に申し訳ないような気持ちと、親は期待を裏切った自分をもう愛してくれないんじゃないかという不安、恐れ、そして、

「親のガッカリした顔を見て、あのときの自分は傷ついて落ち込んだり、自信を失ったりした」

っていうんだけど。

今、大人になった自分が、〝自分さがしの旅〟に出かけてって、その場面にもどってみると、当時、あなたの親はまだまだ未熟なんだよね。

ちっちゃい頃の自分にとって、親は大きくて完ぺきに見えたけど、全然、完ぺきじゃないんだよね。

自分が親になってみるとわかるけど、ホント、未熟なんだよ(笑)。

たとえば、スゴい話があるのね。

ウチの子どもが小学校のときの友だちで、月曜から土曜日まで塾に通ってる子がいたのね。

それで、その子は、日曜日にはお父さんが勉強を教えてくれるんだって。

その子のお父さんね、学校の校長先生なんだよ。

「その子、勉強できるの？」って聞いたら、全然できないらしいの。


この話を聞いたとき、オレ思ったね。

その子にとって、あの家庭環境は地獄かもしれない、って。

そんなこと、考えもつかないような親ってね。


あの、コレは余談だけどね。

生まれ変わりって、おもしろいもんでね。

親は子どものときに勉強が好きで、成績がよかったのに、なぜか子どもは勉強嫌いだったり、成績が悪かったりすることがあるんだよね。

それって、前世、自分が親だったときに、ヨソの勉強のできない子を見て

「だらしない」と思ったか、「親がだらしない」と思ったか。

ともかく、何かよくないことを思ったか、いっちゃったか、したんだよ。

その結果、今世、勉強嫌いな子どもが、自分のところに生まれる。

そうすると、そういう子をもった親の気持ちがイヤというほどわかって、魂が成長するようになってるんだけど。


この「因果の話」は、本書とは別の話なので、また機会があれば話すとして。

話を元に戻すよ。


親が子どもの頃、学校の勉強がよくできたとするじゃん。

そうすると、自分たちが勉強が非常によくできたから、自分の子どももできて当然、ぐらいに思ってるんだよね。

だから、勉強できない子どもができた場合は、無理やりにでも勉強させて、って。

それぐらい、未熟なんだよ。

わかる?


両親とも全然、勉強ができなかったとしても、なぜか子どもは、デキのいい子だったり、というケースもある。

だから、世の中って、いろんな、多種多様なケースがあるのに、勝手に思い込んじゃってるの。

「自分の血をひいてるんだから、ウチの子は勉強ができて当然だ」みたいにね。

ともかく、親って、そんなこともわからないぐらい未熟なの。

だから、テストの結果を見てガッカリした顔をしてみせたり。

悪気はないけど、ついうっかり、子どもを傷つけるようなことをいっちゃったりするんだよ。


だけど、今のあなたが、そのときにもどって、大人の目で、未熟な親を見る。

そうすると、だよ。

ウチの親は未熟なのに、育児放棄もしないで、ちゃんとご飯食べさせてくれて、学校に行かせてくれたんだ、ありがたい。

ともかく、未熟なのに、産んでくれて、ここまで育ててくれて、ありがたい。


わかるかい？

「ウチの親は、なぜ、こういうふうにして自分を育てたんだろう」

「なぜ、私が傷つくようなことをいったんだろう」

わが親の未熟さに不満をいだくのは、親は完ぺきだ、というカン違いをしてるからなんだよ。

だから、親のくせに、なぜ自分から自信を奪ったんだ、っていう。

ところが、「あんな未熟なのに、ウチの親はがんばって育ててくれた」という頭で、過去の、その場面にもどってみたときに、「ありがたい」という気持ちがわいてきちゃう。

おもしろいだろ。

な、人間ってのは、おもしろいんだよ。

どうしようもないから愛してるって、ゆるがない愛

心のケアの一環で、自分の過去をさかのぼってね、昔、自分が親にいいたくて、でも、いえなかった不満とかを吐き出しちゃいなさい、っていうのがあるらしいの。

ためにためていた不満を吐き出して、楽になっちゃいなさい、っていう心のケアがあって。

これを受けてる人たちは、みんな、わぁーって泣きながら、親に対する不満を吐き出してるんだ、っていうのね。


それが間違ってるとは、オレはいわないよ。

それで、あなたがしあわせなら、いいの。

ただ、一人さんには一人さんの考え方がありますよ、あなたのとは違うよ、ってことなの。

オレの説は、不満を吐き出すより、

「あの未熟さで、よく自分を産み、育ててくれた」

っていう感謝なんだよ。

よく「あの親が……」っていうけどな。

一人で生きていくにも、精いっぱいだったんじゃないか、っていうぐらい未熟な人が、結婚して、子どもまで産んで育てる。

それって、ありがたいことなんだよ。

わかるかな？


だから、感謝の念がわいて、涙が出るぐらい掘り下げて、そこへ旅してこいよ、といってる。

過去をさかのぼって不満を吐き出すのもいいけど、それって、昔、いえなかったことをいってるだけだよな。

未来をよりよきものにしたい、自分の人生、開拓したいんだったら、

「あの未熟な親が、オレを育てたんだ、ありがたい」

そこまで行ってくるの。

そこまで行けば、あとのことは、たいがい、ゆるせちゃうんだよ。

あのな、キリスト教で、いちばん壊れやすい愛を、ただの「ＬＯＶＥ《ラブ》」っていうんだよ。

これは、他の女に走ったり、他の男に走ったりすると、うらみに変わっちゃう。

だから、愛でありながら、すぐ、うらみに変わるんだよ。

いちばん壊れやすい愛が、ただの「ＬＯＶＥ」なの。

他にもいろんな愛があって、「キリストの愛」というのがあるんだけど。

「キリストの愛」って何ですか？――っていうとな。

人間は、どうしようもないから愛してるんだ。

要するに、未熟なヤツだからオレが愛してやんなきゃイケないんだ、っていう。

これを「キリストの愛」っていうんだよね。

どうしようもないから愛してる——になっちゃうと、もう、どうしようもなくてもいいの（笑）。

だから、ゆるぎないの（笑）。

それと同じで、親に、いろんなことがあるんだよ。

子どもたちから見ると、

「なんで、こんなやり方するんだ！」

というのがある。

ところが、その未熟な親が、いろんなことして働いて、子どもを育てるって、たいへんなことなんだよな。

で、自分が親になったとき、やっぱり、親ってすごいんだ、って思うよな。

うん。

それで、あの未熟な親がありがたい、というとこに行きついたときに、なんか、ゆるせる、そういうもんだよ。

マイナスの過去を〝いいこと〟に解釈できると、今、起きてることでも、自分の思いのままになるんだよ

「自分がマイナスになってしまった原因は、何だろう？」

といったって、そんなに、いくつもないんだよね。

だから、〝自分さがしの旅〟に出かけてって、マイナスの思い出を、くるっ、くるっ、くるっくるって、全部いいほうに、ひっくり返す。

そしたら、そこから先は、今、起きてることでも、どうにでもなるんだよ。

人生の主導権を握れる、ことになる。

わかるかな？

過去にもどって、このマイナスの出来事は、これこれ、こうだから、よかったんだ。

そうやって、どんどん、どんどん、マイナスの過去を〝いいこと〟に解釈ができるようになると、この先、起きることについても、〝いいこと〟に、〝いいこと〟に解釈できていく、と。

そしたら、これからはゼッタイ不幸になんかなれない。

ずっと、ハッピーにしか、なりえないんだよ。


さらに、自分が「ここが自分のイヤなところ」と思っていたこと、欠点ですら〝いいところ〟に変えられると、今度、どうなるかっていうと、自分が気づいてない、お宝を発見できるようになる。

たとえば、この前、背が高くてスタイルがいい女性がいて、なんか、モデルさんになりたかったらしいんだけど、モデルになるには、あと三センチ、身長が足りない、っていうのね。

それから、なんだっけ？　バラエティに行くのには、明るさが足りない、とか。

他にもいろいろ、自分は中途半端なんだとか、いってて。

オレ、その子に、こういったのね。

「それって、あなたが他人《ひと》の基準にあわせようとしてるから、中途半端になっちゃうんだよ」って。


わかるかい？

この世界に、あなたって、一人しかいないんだよ。

全員、かけがえのないあなた、スゴイものなんだよ。

だから、ヨソの基準にあわせるんじゃないの。


新小岩にある、一人さんファンの集まるお店に通ってる、〝奥ちゃん〟っていう男性がいるのね。

彼の体型がね、ずんぐりむっくりなの。

あの形は、モデル業界の基準で見たら、モデル向きじゃないよ。

重心が下にあって、ガッシリしてるから、お年寄りを抱えたりするときでも、非常に安定感がある。

それで、奥ちゃんは介護の仕事をしてるから、彼にあの体型はピッタリなの。

まるで介護するために生まれてきたようなもんだよな。
わかる？

ユリの花はね、ダリアにあこがれないんだよ。
桜の花はね、ハスの花にあこがれたりしないんだよ。
タンポポはタンポポで、精いっぱい咲いてる。
どの花も、てんでんに、いっしょ懸命、咲くんだよな。
わかるかい？
そうやって、みんなも、精いっぱい自分の花、咲かせてさ。
元気に堂々と咲いてりゃ、いいんだよ。
それを、誰かが勝手に決めた基準を持ちだして、あーだ、こーだ、
ヨソと見比べて、落ち込んで。

それより、タンポポはタンポポとして咲けばいいんだ。

ユリはユリとして、ダリアはダリアとして、咲けばいいの。

それが自分にできるようになったとき、たとえば、「自分は介護向きで、最高だな」とかって。

「自分はものすごい暗いから、葬儀屋向きだな」とか（笑）。

各自に、ピッタリはまる場所があるんだよ。

わかるかい？


それで、自分でそれを「最高です！」と思う。

最高がわかるようになってくる、と、今度、他人《ひと》に対しても、その人が気づかないことでも、「こうだよ」って。

「あなた、ここ、最高じゃん」

って、気づかせてあげられるんだよ。

失敗者の特徴は、自分の欠点を山ほど発見できるうえに、他人の欠点は一〇倍、発見できる（笑）

オレは、オレたちの子どもの頃でも、背が高いほうじゃなかったんだよ。
けど、横になればみんな同じだろ、って（笑）。
だから一人さんは、気にしたことがないんだよ。

昔、オレよりはるかに背の高いカノジョとつきあったことがあるけど、いっしょに歩いてても全然、平気で何ともなかったね。
だって、この背が高くてカッコいい女の人が、オレにホレて、ついてきてくれてるんだから。

わかるかい？

背の高さより、「ホレられてる」ということのほうが、オレにとって重要なんだよ。
背が高かろうが、低かろうが、そんなことはどうでもいいの。
カノジョが、オレにホレてるかどうか。

そこが問題なんで。

自分は、ここが欠点で、そこも欠点でアレも欠点で――って、あなたが自分の欠点を一〇〇個さがしても、あなたに〝いいこと〟ひとっつもない。

それより、

「わたしって、こういう〝いいとこ〟あるんだよ」

っていってごらん。

わたしって、笑顔いいでしょ、とか。

こういうのでお役に立てますよ、とか。

そうやって、自分の〝いいとこ〟を発見できるようになると、他人《ひと》の〝いいとこ〟も発見できるようになってくる。

逆をいうと、自分のあらさがしばっかりしてるような人は、自分のだけでなく、他人の欠点も発見できるんだよ。

素晴らしいことに、他人の欠点は山ほど、自分の一〇倍ぐらい、見つけちゃうんだよ（笑）。

だから、自分の〝いいとこ〟も発見できないような人は、他人のも発見できない。

「人をほめろ」といわれたって無理、できない。

カラオケ、一曲うたってヘタなヤツは、二曲目うたってもヘタと相場が決まってて（笑）。

それと同じなんだよ。

習慣的に、自分の悪いとこを見る、ダメだったとこを見る。

そういうクセのある人は、たとえば、東京に住んでても、

「東京は排ガスが多くて、ヤんなっちゃう」とか。

「人が多過ぎて、ヤんなっちゃう」とか、平気でいうんだよ。

東京都民を敵に回す気か？　って（笑）。

で、千葉へ行けば行ったで、「田舎で何にもないですよ」っていうんだよ。


自分のあらさがしする人は、周りの人、目にするモノやことについてもあらさがしばっかりしてる。

これが、失敗者の特徴なんだよ。

そういうことしてるから、人生、ウマくいかないいんだよ、って。

だから、まず「自分はダメな人間だ」というのをやめなきゃイケない。

だから、〝自分さがしの旅〟行って、オセロゲームみたく、黒を白にひっくり返してこい、っていうの。

「過去にもどる」って、前世にまで、もどらなくていいよ(笑)

あなたは本当のあなたですか?――という質問を、ここんとこ、よく投げかけてるんだけど、自分のことでも何でも、〝いいとこ〟をさがそうと思ったら、ニセモノのあなたではさがせないの。

「自分はこうこうこうだからダメなんです」

あなたは、否定的なこと、暗いことばっかりいってるけど、それ、本当のあなたですか？

神が人間を創ったときには、肯定的に創ったの。

だから、人間というのは、本来、否定的じゃない。

前向きで肯定的だから、人類は進化し、文明も発展してきたの。

じゃなかったら、未来に希望も何もなくて、「何やってもダメなんだから」って、何もやろうとしない、進化はそこにはないんだよ。

だけど、人は文明を興して発展させてきたんだよな、って。

だから肯定的だった、本来は。

それが今、あなたは本来通りじゃなくなってる。
その、ゆがみを「自分の性格だ」と思ってるけど、そうじゃない。
誰かに植え付けられたものなんだよ。
あなたに否定的な考えを植え付けた人も、誰かに植え付けられたんだ。
だから、過去にもどって、その、ゆがんだものを直してくればいいんだよな。
「過去にもどって」といっても、前世まで行かなくていいから（笑）。

あのさ。
よくいうんだけど、前世療法とか、いろんなことをいう人がいるけど、前世までもどる必要はないよ。

だって、必要があるのなら、神はその記憶をくれてるから。

だから、今世の記憶のなかを旅すりゃいいんで、それで十分。

今世の自分に起きたことを、一つひとつ、また一つひとつ〝いいこと〟、〝いいこと〟に変えていけばいいの。


前世療法とかやるな、って、いってるんじゃないよ。

オレは、今世の旅をすれば十分だって、いってるの。

今世、こういう親の許に生まれたのは、どうしてでしょう――って、あんたが前世、親だったとき、そういう親だったんだよ。

前世までさかのぼらなくったって〝自分さがしの旅〟はできるんだよ。

だって、たいがいは今世の親のこと、学校の先生のこと、運動会でパケだったこと、冷静に考えると実にくだらないいろんなことが、あなたを否定的に、消極的にしてんだよな。

それから、近所の人がいってること、世間の常識な。

成功してない親とかの周りにいる人って、「類友の法則」で似た者同士が集まって、

「英語ができないと、いい大学に入れなくて社会の落伍者になっちゃう」

とかって、親と似たようなことをいうんだよな。

それを、子どものときからずぅーっと聞かされてると、それが現実世界のような気がするけど。

事実上、そんなことはゼッタイ、ないもんな（笑）。

スゴくなろうとするのは、「自分はダメな人間だ」と思ってるからだよな

おもしろいけど、ほとんどの場合、自分が「ダメだ」と思ってることが、本当にダメなものじゃないんだよ。

「おい、おまえ、いつも授業中、ニタニタ笑ってるんじゃないゾ！」

って、学校の先生にしょっちゅう怒られてたような人、いるじゃん。

そういう人、社会に出ると、上役とか同僚から、

「あなた、愛きょうがあって、楽しそうに働いててくれるから」

そうやってほめられて出世したり、とかって、あるんだよ。

第一、「ここが欠点で」とか、「ここがダメ」っていうけど、それが欠点だって、いったい、誰が決めたんですか？

方程式ができなかったこと、英語ができなかったこと、あなたに自信を失わせたもので、今、あなたが使ってるものは何もないんだよね。

それなのに、英語をしゃべる必要のない人が、いきなり「英語をしゃべれるようになろう」とする。

そのことがイケないんだよ。

必要のないことをやったって、余計、自信なくすだけだゾ。

それで、不思議なもんでね。

自信なくしちゃった人ってさ、「本当に自分のやりたいことはなんだい？」って聞くと、素晴らしい答が返ってくる。

こうこう、こういう福祉の活動をやって、とか。

みんなが感心して「スゴいですね」っていうようなことをいうんだよ。

いや、本当に心底やりたいなら、問題はないんだよ。

だけど、心底やりたいことをやってたら、笑顔で楽しそうに働いてるんだよ。

わかるかい？


世間から「スゴいですね」といわれようと思ったら、立派なことをやんなきゃいけないんだよ。

くたびれるから、やめな。

それより、中学しか出てない人間は、

「中学出は、早く社会に出られるから得だ」

とかっていえばいい。

そしたら、他人《ひと》は、「あの人、スゴいね」っていうんだよ。


高校を中退した人は、高校中退のよさを考えりゃいいんだよな。

自分は高校に行ってたけど、高校の勉強は役に立たないと思ったから社会に出たんです、とかね。

私は少しだけ高校に通った経験があるから、一人さんより得した、とか。

「あ、なるほどな」って、一人さんが納得するようなこと、いってみな。

そしたら、オレ、「あなた、スゴいね」っていうよ。

たとえば、さっきの〝奥ちゃん〟は、

「オレの体はずんぐりむっくりしてて安定感があるから、介護するのに最高なんです」

そういえば、みんな、度肝抜かれるんだよ。


スゴくなりたい人間は、立派な夢を語るけど、ホントに「スゴい！」といわれたかったら、〝自分さがしの旅〟してきて、マイナスの記憶をプラスにひっくり返してきたほうがいいよ。

そしたら、みんなが、「スゴい！」って拍手する。

だって、そんなことができる人間は貴重品なんだよ、稀少価値が高いんだよ。

少ないなかから〝いいとこ〟を見つけ出せる人間は、不況だろうが何だろうが、マイッタしないんだよ

みんな、いいか。
東京にいるときは、「東京って、いいところですよ」っていうんだよ。
タクシーがたくさん走ってるから、手をあげればすぐタクシーに乗れる、とか。
東京にいながらにして全国の郷土料理、世界じゅうの料理だって食べられる。
夜の夜中でも、フランス料理を食べられるんだよな。

今度、千葉へ行ったら、「千葉って、いいよね」って。

海もあって山もあって、いろんなアウトドアのレジャーを楽しめるし、リラックスできるし、こうで、こうでって、千葉の〝いいとこ〟をいうの。


新小岩に行けば、「新小岩、サイコー！」なんだよ。

新小岩は下町で、名物も何もなくて観光客がこないんだよ。

だから、ここの商店はちゃんとした固定客をつかまえておかないと、みんな、店がつぶれちゃうから、ウマいものやなんか、いっぱいあるんだよ。

そこが新小岩の〝いいとこ〟の一つ。


こんなふうに、その場、その場で〝いいとこ〟を見つけるの。

そしたら、〝いいとこ〟をほめる。

そうすると、地元の人も喜ぶし、そこの土地の神さまも喜ぶんだよ。

それから、少ないなかから〝いいとこ〟を見つけ出せる人間は、人のこない場末で商売をしてても、

「ここで何やったらいいだろう」

というのがわかる。

不況がきても、世間が、

「不況になって、ヤんなっちゃう」

ってマイッタしてても、自分はマイッタしないの。

「不況は不況で、必ず〝いいとこ〟があるんだ」って。

わかりづらいか？

あのな。

コインだって、必ず裏と表があるんだよ。

裏だけのコインとか、表だけのコインってないだろ（笑）。

江戸時代、吉原に売られた娘がいる、ということは、吉原で遊んでたヤツもいるんだよな。

それと同じように、不況だろうが、必ず〝いいとこ〟があるの。

それを見つけられるようになったら、

「不況だからこそ、こういう〝いいこと〟できるじゃん」

ってなるんだよ。

どこに行こうが、今、自分がいるところを「素晴らしい」って、いえるんだよ。

そうすると、そこにいる土地の神さまも味方してくれるの。

もちろん、あなたの周りにいる人も喜んで、味方してくれる。

あなたを守護してる、守護霊さんも、うれしいんだよ。

自分を卑下しながら生きてる人間をはげますのって、一人さんだって、周りの人だって、結構、たいへんだからな。


だから、〝自分さがしの旅〟をすれば自信がつくから、すべてが味方になって、人生、変わってくるんだよ。

欠点は、欠点のままにしとくから、欠点なんだよ

これから、みんなは〝自分さがしの旅〟に出かけるんだけど、自分が納得するまで、何年かかってもいいから、

「あのとき、あれでよかったんだ」

「あのときのことを考えると笑っちゃう」

そうやって、プラスにひっくり返してくるんだゾ。


いいかい。

欠点というのは、欠点のままにしとくから、欠点なんだよ。

ひとたび乗り越えちゃうと、宝になるんだよ。

わかるかな？


元から話がウマかった人よりも、最初はアガっちゃって、全然しゃべれなかった人がそれを克服して、しゃべれるようになると、すごい、いい味を出すんだよね。

それで、どうやって克服したのか、そのプロセスを話すとね、すごく、それって、いい話なんだよね。

人前でアガってしゃべれない人って多いから、その話って、みんなを助けるから、喜ばれるんだよ。


それから、オレの仲間で、千葉で酒蔵やってる寺田さん（二三代目の啓佐さん）がね、子どもの頃、おねしょがやまんなかったらしいんだよな。やまんなくて、修学旅行に行けなかったんだって。旅館でおねしょして迷惑かけるといけないからって、行かなかったんだけど。逆にいうと、行かなかったから、

「あそこんチはお金もあるのに行かないのはおかしい。どうせ、おねしょでもするんだろう」

って、ウワサがたっちゃって。

「ねしょんべん大統領」とかって、ずっと呼ばれてたらしいのね。

それを寺田さんから聞いたとき、オレ、こういったの。

「寺田さん、みんなの前で、それ、いおうよ」って。

なぜかというと、隠してると、ものすごく重いものになるんだよ。

そしたらね、オレの収穫祭のときかなんかのイベントをやって、みんなが集まったときに。

伊能忠敬《いのうただたか》だっけ？　日本地図、書いたの。

誰だっけ？　伊能忠敬だよね。

あの人、寺田さんとこの近所の人なんだよね、佐原の人だったかな？

それで、寺田さんがね、イベントで集まったみんなを前にして、

「伊能忠敬は日本地図を書いてたけど、わたしは毎日、世界地図を書いてたんです」

って、みんなを笑わしたときにね、もう、この人からは心の傷が消えたな、っていう。

なまじね、会社の社長になっちゃったり、本まで出したりしてるとね、なかなか、いえないじゃん。

だから、ふつうは欠点をひた隠しに隠して、欠点のままになっちゃうんだけど。

どっかで、自分が笑い飛ばせたりさ。

できたらいいね。


それから、こういう経験があったから、自分はそういう人の、おねしょする人の気持ちがわかって、人のことを傷つけなくなったんだ。

だから、自分がやさしくなれたのは、欠点があったからなんです。

そうやって、いったとき、欠点だと思っていたものが、宝に変わるんだよな。

だから、どっからでもいいから、記憶のなかを旅してさ。

一つずつ、こう、いいほうに、いいほうに、プラス、プラスに。

あのとき、自分はこういうことがあったから、同じような人を見てもバカにしないし。

人前で話せなくて、顔がまっかになっちゃってる人を見ても、「自分もその人の気持がわかるんだ」って。

だから、あのことで自分はやさしくなれたんだ。

もしね、自分が最初からうまく話せるような人だったら、話がつっかえる人を見てね、「だらしねーなー」と思っちゃうか、わかんないし。

最初は「宝に変えるべきもの」をくれるんだよ
それは常に、困難にそっくりなんだ

だから、人間ってさ。
みんな、一個ずつ、いろんなもん持ってさ、行くんだよな。
人間ってね、何か悪いんだよ。
頭悪いとか、性格悪いとかな。
歯並び悪いとか、痔が悪いとかな（笑）。
何か悪いんだよ、うん。

だから、その、何か悪いのをさ、心が乗り越えて、宝に変えてさ。

一個一個、な。

オセロのように、一つずつ、白いのに変えていけたらいいな。

オレは、人が相談にきたとき、その人が背負いこんでる心の荷物をおろしてあげたい。

「この黒いコマを、どうしたら、白に変えてあげられるんだろうか」

って、思うんだよな。

その人がもってる、マイナスのものを、「それ、宝だぞ」っていう。

さっきのおねしょの話じゃないけど、そのまま心にしまっとくと、いつまでも暗くて、つらいものだけどな。

それを公開して、「それのおかげでオレは、こうなれたんだよ」とかな。

「そのおかげで、オレは思いやりのある人間になれたんだよ」とか。

みんなに聞かしてあげられると喜ばれるし、本人の気持ちも楽になるし、ホントに〝いいこと〟づくめなんだよな。


オレもちっちゃいときから、病気だけど、病人のことがわかるしな。

それから、そのことで、まるかん、っていうのができたり。


だから神は、最初から宝をくれるんじゃない。

「宝に変えるべきもの」をくれるんだよ。

それは常に、困難にそっくりなんだよ。

嫌なことはあるよ。

嫌なことを神がくれたら、レモンをくれたら、レモネードに変えるだけの知恵と勇気な。

これを、ずぅーっと、持たなきゃイケない。


梅のようなさ、そのままじゃ食えないもんを、日本人は塩漬けにして、梅干しにしてな、保存食にして。

なくてはならないものに変えたんだよ。

だから、神がくれるものって、「見るからに宝!」っていうものよりも、ひと工夫して宝になるものが多いんだよな。


だから、オセロの黒をくれたら、ひっくり返す努力だけは、しなきゃダメなんだよ。
そしたら全部、白になるからな。

オレたちの努力は無駄なモノに思うけど、
無駄じゃないんだよ

あのな。
〝いいこと〟ってね、いっぱい、やんなきゃダメなんだよ。
体にいいもの、といったってな、朝鮮ニンジンだろうが、何だろうが、体が治るまでには相当量、要るんだよ。

〝いいもの〟というのは、食品だろうが何だろうが、そういうものなの。


ところが、悪いものってのは、毒薬ってのは耳かき一杯あれば、ここにいるオレたち全員、死ぬんだよ。

アレぐらい、少量でも効くものはない。

それと同じように、他人《ひと》には毒のある言葉だとか、傷つける言葉って、ちょっとでも、すごい効くんだよ。


人の悪口とか、いじめって、それをやられた人の心をどのぐらい、傷つけるか。

たったひと言、吐いた毒で、簡単に人は傷ついて、オレたち、それを直してあげるのに、どのぐらい、たいへんか。

ひと言、吐いた毒で傷ついた心をキレイにしてあげるのに、オレたちは何年かかるか、わかんないんだよな。

だけど、オレたち一人さん仲間は、何年かかるかわかんなくても、自分のできることで、なんかお手伝いできることがないだろうか。

ということを、いつも考えてるんだよな。


みんな、破壊って、スゴイように思うだろ。

でも、どんなに破壊しても、建設のほうが上なんだ。

いいかい。

関東大震災のとき、ここら辺、全部、東京はダメになったんだよ。

それから、この前の戦争で爆撃されたときも、一瞬のうちに東京は焼け野原になったんだよ。

だから、破壊は早いようだけどね、人間っていうのは必ず、何年かりてでも復興させて、そのときは前より素晴らしくなってるんだよ。

東北のほうも今、ビルが建ち、建物が建ってきてるんだよ。

わかるかい？

オレたちの努力は無駄なように思うけど、無駄じゃないんだよ、って。

だから、一つひとつ、ひっくり返して、ひっくり返す努力っていうのがな。

悪いものを〝いいもの〟にひっくり返す、ひっくり返す努力を自分にやって。

それができるようになったら、今度、自分の周りにも、

「おまえ、こういうとこで、つかえてんだったら、こういうふうに、ひっくり返したらどうだ？　こう思ったらどうだ？」

っていう。


人をおどかすのは簡単だけど、無意味だよな。

建設的じゃないんだよ。

だから、一人さんが〝自分さがしの旅〟の最終的な目標にしているのは、キャンドルサービスみたく、あなたが今いるところに灯りをともす。

自分の目の前に出てきた人が心のふるさとへ帰る、〝自分さがしの旅〟のお手伝いをする。

一人で旅するのも楽しいけどさ、相棒みたいのと旅してると、また違う楽しみがあっていいんだよ。


周りにいる人に、「そんなことないよ、気にすることないよ」って、心の重荷をとってあげる。
心の重荷といったって、「自分は運動会、出たとき、ペケだったよな」とか。
「お母さんに、試験が悪かったときにガッカリされたんだ」とか。
そんなことだよな、マイナスの記憶というのはね。
何かいうたびに、「ウチは金がないからダメなのよ」って、いわれたとかな。
「この成績じゃダメだ」といわれたとか。
先生にいわれたとか、ああいわれたとか。

そういうのを、あなたが一つずつ、一つずつさ、「そんなことないよ」って。

一人さんなんか、もっと成績悪かった（笑）。
それだって一人さん、明るかったじゃないか、って。

全部〝いいほう〟に変えていこうよ、って。

おねしょをしてたのなら、あなた、自分で「世界地図書いてたんだ」って、笑い飛ばそうよ。そしたら自分は気が楽になって、周りの人も助かるよ、って。


これが〝自分さがしの旅〟だと思ってるの。


一人さんは子どもの頃から日本じゅう旅してるけど、この〝自分さがしの旅〟って、すごい楽しいし、意義がある。

〝自分さがしの旅〟に出かけた人は、出かけた時点からもうすでに、人生が違ってくるの。

ホントに、自分の記憶を、心のふるさとを自分が旅して、その成果を人にも教えて喜ばれる。最高にステキな旅になると思います。
以上でーす。

番外篇

日本で最高に強運な人の考え方

――過去は変えられる！

自分を向上させるために、わざわざお金を払ってまで本を読む、
そんな素晴らしいあなたのために、特別に、
〝自分さがしの旅〟の話を聞いた方からの質問・感想に対する、
一人さんのお話をご紹介させていただきます。

子育ての話

子どもを育てるなかで、しつけとか、時間を守るとか、人間としてやらなくちゃいけないことを教える。

それができないと、何度でも子どもに同じことをいって、結果、強く責めてしまうようなこともある、と思うんですけど。

さきほど、〝自分さがしの旅〟のお話をお聞きしてて、じゃ、そこの部分は、どこまで教えてったらいいんだろう、と。


これ、オレのヤツだから、正しいかどうか、じゃないんだよ。

「いくつまでに、それができればいいんだろう」なんだよね。

時間を守るとか、約束守るとかって、あるじゃない。

「いつまでに、それができればいいんだろう」ということを考えるんだよね、オレの場合だと。


たとえば、オレのお弟子さんで、まるかん芦川隊の社長をしてる裕子《ひろこ》ちゃんがね、高校生のとき、他人《ひと》に会えなかったの。

オレだと大丈夫みたいなんだけど、オレ以外のヨソの人が近づいてくると、すぐ逃げちゃうの。

そのとき、オレが裕子ちゃんのお母さんの勝代さん（まるかん本社の社長さんで、一人さんのお弟子さん）に、こういったの。

「勝代さん、心配いらないよ。オレの見たところ、裕子ちゃん、三〇までにゼッタイあいさつできるよ」

そしたら、三〇になる前にできるようになっちゃったね。

だから逆にいうと「三〇までいい続けるぞ」というつもりになりゃいいんだよ。


それと、今、裕子ちゃん、まるかんの社長をやってるんだけど、社長としてはまだまだこれからなところもあるの。

だけど、勝代さんやなんか、まだ元気に生きてて、この先も何十年と元気で生きてるんだよね。

だから、子どもは、親が死ぬまでに、しっかりすりゃ、いいんだよな。

わかるかな？

いつまでに、しっかりすればいいんでしょう――って、オレたちはまだまだ、死ぬワケじゃないし（笑）。

だから、ロングランで考えればいいんだ、と思ってるのね。

◆

ものごとって、不思議なんだけどね。

問題なんかっていうのは、こっちの覚悟がまさったとき、消えちゃうんだよ。

だから、たとえば、子どもにあいさつを覚えさせるとき、子どもがまだあいさつができないとする。

そのとき、「なんで今できないんだ」って思ってるようじゃ、まだハラが座ってないんだよ。

だから、子どもを見て、たとえば、「あと、一〇年たてば、この子はあいさつできるだろう」とか思うじゃない？

そうすると、自分の予想では一〇年なんだけど、余裕をもって、「あと、二〇年間は、あいさつしろよ、っていい続けるしかないな」とかって思うの。

そしたら、こっちもハラが座って、覚悟が決まったときにね、自分が想像してたよりも、向こうの成長のほうが上回っちゃうの。

わかるかな？

だから、ウチの恵美子さん（お弟子さんで、まるかんの社長をしている柴村恵美子さん）もそうなの。

恵美子さんって、昔は、もうゼッタイぐらい、本、読まなかったんだよ。

だから、恵美子さんと会うたんび、一人さんは「はい、読んでみな」「これ読みな」って、ずっと、いってたのね。

今だからいうけどさ、オレはね、この人が本を読むようになるのに、来世までかかると思ってた。

いや、ホントに（笑）。

「来世までかかったっていいから、いい続けよう」と思ってたんだけど。

何年間かで、読むようになっちゃったね。

次々、読むようになって。

で今、本なんか、書いちゃってるからね。

だからね、人間ってね、中途半端な気持ちで、ものをやるのはよくないね。

とくに人を導くときってね、中途半端じゃ、無理だよな。

相当、ロングランで戦う気にならなきゃ、ダメだよね。


逆にいえば、こっちがロングランで戦う気になりゃ、ハラが座るよね。

こっちのハラが座ると、なぜか相手は段々、段々、変わってくるな。


だから、「あいさつ、しろよ」はいいんだよ。

だけど、「なんで、今すぐ、できないんだろう」はマズいんだよな。

そうじゃなくて、この子も、二〇歳までにはあいさつできる子にしてやろう、っていう。

だから、どのぐらい、こっちの覚悟がまさるか、だな。

「おまえが二〇歳になるまで、オレはいい続けるからな」とか。

「これは、おとうさんの愛だからな。うるさいと思わないでね、愛がなかったら、そんなに、ずっと、いってられないから」って。

ただ、たいがいの子どもって、親から見るとね、不満かもわからないけどね、意外とちゃんとしてるよ。

だから、人を教育するのは、少しロングランで。

一〇年たつと、変わるな。

一〇年で変わる。

それでね、急に変わったヤツはまた戻るな（笑）。

急に手のひら変えたように、よくなるような人ってね、しばらく見てると、元に戻っちゃうことがある。

竹細工を作るときとか、竹を曲げるのと同じだよ。竹って、あっためながら、ゆっくり曲げないと、すぐ折れちゃうんだよ。だから、あっためながらゆっくり、ゆっくり、こう曲げていくのが、人を導いていくときのコツだな。

親子の因果の話

Q

わたしは、幼い頃に実の母親を亡くしました。

父も再婚後に亡くなって、私たち兄弟は継母に育てられました。

当時、母も若かったからだと思うのですが、何か頭にくることがあると、母はすぐ「靴ベラもってこい！」と、わたしの一つ上の兄にいうんですね。

兄も自分がやられたくなくて、靴ベラを渡したと思うんですけど。

靴ベラで母は、わたしをたたいたり、地下室に入れたりしてたんです。

わたしはそういう母を反面教師にしてきました。母にやられたことを、わたしは自分が親になってから一度も子どもにしたことがないんです。

それと、今、わたしは、やさしい家族に囲まれてたり、「しあわせだな」って思えることが、たくさんあるんです。それは、わたしが生きてるからでしょう。

だから、未熟でありながら育ててくれた継母に、ちょっと感謝できる自分になってるのが、うれしいです。

今の話もね、結局、お母さんも未熟だしね。
お父さんも未熟なんだよ。
未熟な人が引き起こしちゃう物語みたいなものでな。
精神論ってね、「自分がやらない」しかできないんだよ。
それができりゃ、最高なんだよ。
たいがいは親にいじめられると、いじめる親になっちゃったりするんだけど。
自分がね、ヤなことされて、ヤなこと他人《ひと》にしなかったらね、それで最高だよ。

だから、オレたちの修行って、自分が誰かにイヤなことされたら、自分はそれをやらない。

いじめでもなんでも、やられてイヤな思いしたら、「自分はやらない」ができたら、最高なの。


だから、いじめられた子も。

この前も、ここにきてた子も、すごい、いじめられて。

「バケツの水、かけられた」とか、いろんなこと、されたようなんだけど。

因果の話でいえば、そういう、いじめられる人の因果もあるだろうけど。

前世に自分が何をやったから今世いじめられてるんだ、とか、いちいち原因がわからなくたっていいんだよな。

自分がやらなくなったら、それで因果は解消だよ。

だから、せっかく、心のふるさとまで帰ってさ、自分の、黒いオセロを白に変えてきたのに、これから先、自分が黒を出すような、生き方することないよな。

だから、あなた、立派だよ。

いやホント、立派だよね。


これから先はさ、白しか、置くのよそう（笑）。

もう、置く前に、白にしちゃっておこう、な（笑）。

一個でも黒、置くのよそう。

黒を置いたら、また〝自分さがしの旅〟に出て、白にしてこなきゃなんないのはバカバカしいからさ（笑）。

いつも、白、おくような生き方、しようね。

恐怖感を取り除く話

Q

恐怖感を取り除きたい、というのが自分の気持ちなんです。というのは、どうしてだか、昔から、野球ができないんです。ボールが飛んでくるのが怖い。

で、免許は持ってるけど、車の運転が怖くてできないんです。ペーパードライバーなんですけど。

とくにこれって、男性って、野球とかサッカー、やるじゃないですか。で、今、車の運転なんて、老若男女やるじゃないですか。

だけど、私自身は車の運転とか、とにかく怖いんです、だから車の運転もできないし、野球ってやったことがないんです、体育のとき以外は……。

話の途中でゴメンな。
オレ、それ、違うと思ってるんだよ。
野球ができない人って、やらなきゃいいの。
実のことというと、オレも野球できないんだよ。
だけど、キミはできないことを気にして、何とかしようと思ってる。

それとさ、臆病な人ってのは、直そうとしちゃダメなんだよ。
別に、臆病は罪にならないんだよ。
あのな。

「虎穴《こけつ》に入らずんば虎児《こじ》をえず」といってな。

大胆なヤツは虎の穴に入っていくんだよな、虎の子どもを捕まえるのに。

それで、臆病なヤツは、ワナをしかけるんだよ。

だから、虎の穴のなかに入っていけば、虎の子どもは捕まるかもわかんない。

だけど、自分が食べられる可能性もあるんだよな。

ところが、臆病な人間が行動したときは、失敗しないように作戦を立ててから行動するから、そっちのほうがよかったりするんだよ。

だから、臆病は全然、悪いことじゃないんだよ。


それから、車の運転が怖くてできないんだ、っていうけど。

運転できなきゃ、どっか外で食事をしたときにもお酒が飲めるとか、電車に乗っかって本を読めるとかな。

〝いいこと〟が山ほどあるんだよ。
それで、運転できなくたって、あなた、困ってないんだよ、別に。
なぁ、そうだろ、困ってないよな。
東京なんかに住んでると、車に乗れなくたってホントに、何の問題もないんだ。

だから、はなゑちゃんも免許もってるけど、ペーパードライバーで、車に乗って、みんなとどっか出かけても、自分は一杯飲めるからって、喜んでるんだよな（笑）。
だから別に運転しなくたっていいんだ、と思ってるの、オレは。

ただね、場合によっては、一人さんは、

「運転したらいいじゃない」

って、その人にいうことがあるのね。

それはどういうときかというと、たとえば、昔、恵美子さんが車の免許とってすぐ、事故を起こしちゃったらしいの。

そのとき、恵美子さんのお兄さんが、

「恵美子には危ないから運転させたくないんだ」

って、オレにいってきたんだけど、

「お兄さん、それ、間違いだよ」

って、一人さんはいったんだよ。

簡単にいうと、オレは、運転しようとする恵美子さんを止めるな、運転させろ、って。

なんでかって、恵美子さんって、ものすごく運動神経がいいんだよね。

運動神経がなくったって事故も起こさずに安全運転をしてる人って、山ほどいるんだよ。

それを、身内が「事故、起こすといけないから」って、否定的なことをいっちゃうと、運転できなくなっちゃう。

第一、人間が死ぬときは、寿命で死ぬの。

バスに乗っかってようが、電車だろうが、寿命がきたらみんな死ぬんだよ。

わかるかい？

◆

あれが怖くて、これが怖くて、恐怖感を何とかしたいです――っていうけど、なんとかする必要なんかないゾ。

運転が怖いなら、バスでも電車でも、乗ってりゃ、いいんだよ。

それを直す必要なんか、一体、どこにあるんだよ（笑）。


自分のところに野球のボールなんか飛んできたら怖くて怖くて、って当たり前なんだよ。

オレだって、怖いよ（笑）。

ただ、オレは、気にしないの。


オレはできないことは山ほどあるけれど、そんなこと全然、気にしたことない。

野球もダメだし、相撲もダメなの。

だけど、オレ、相撲取りになるワケじゃないし（笑）。

野球選手になるワケじゃないしね。

だから、全然、関係ないんだよ。


だから、キミもさ、心のふるさとまで、さっきの〝自分さがしの旅〟じゃないけど、心のふるさとに帰ってさ。

キミはただ、野球に向かなかったの。

それから、臆病とか、怖がりとか、っていう、いい方しないほうがいいかもしれないな。

それより、キミは慎重なの。

スポーツ向かないヤツは、考えごとに向いてる。

わかるか？

トラックは荷物を積めるの。
フェラーリはスピードが出るけど、二人しか乗れない、荷物も載せられない。
わかる？
そんなに、いろんなことができなくていいの（笑）。
軽自動車は、ガソリンを食わないけど狭い、とか。

だから、〝いいとこ〟と難点って、ゼッタイあるの。

何でも〝いいとこ〟と難点がある。
それなのに、自分は自分の〝いいとこ〟はほめないいんだよ、当たり前だと思っちゃってて。

それで、難点だけ、やたらと気にして直そうとするけど。

そんなの、無理だよ。


今さら、野球の球がとれたからって、どうってことないよ。

そんな人間、ごまんといるんだから（笑）。

周りの人に特別視されるような、代物じゃないんだよ。

それ運転だって同じだよ。

車の運転ができる程度では、世間は注目しないの。

で、運転できなくてもいいの。

今から運転しなくてもいい職場、探せばいいの。

それと、おかしな話だけど、自分が本気で、ホントに「車の運転しなきゃいけない」と思ったときは、なぜかスーっと運転できるようになっちゃう。

ホントだよ、しぜーんと、乗りたくなって、乗れるようになっちゃうの。

◆

ウチの真由美ちゃん（お弟子さんの一人で、まるかんの社長さんの宮本真由美さん）はね、学校の、英文科かなんか、行ってたんだよ。

だけど、英語がしゃべりたいワケじゃないから、しゃべれないんだよね。

で、他にもう一個、フランス語をとったんだけど、フランス語なんか、もっとできるワケもないんだよ。

な（笑）。

ところが最近、真由美ちゃん、K-POPにこってな。

韓国の、ハングル会話の本やなんかを買ってきたり、楽しそうに勉強してたの。そしたら、もう、簡単な日常会話ぐらいはしゃべれるんだよ（笑）。

だから人間てのは、ホントに必要になったときは、楽しく覚えられるの。

学校の勉強でもなんでも、苦しく覚えなきゃいけないようなものって、ホントは要らないんだよ。

車の運転だって、ホントに車の運転が必要なときってのは、追い詰められてやるんじゃないんだよ。

運転ができるようになるときというのは、なんか、ドライブしたくなるとか。なんか、運転したくなる、とかっていう。

だから、楽しくてやりたくなるんだよ。

わかるかい？


追いつめられてやったようなのって、そんなに役に立たないよ。

第一、神は人を追いつめないから。うん。

ホントだよ。


あのね。

オレがもし、英語をしゃべりたくなったときは、外国人のカノジョができたとか、オレにとって絶対、ハッピーなことなんだよ（笑）。

いや、そうじゃなかったら、英語なんかやろうと思わないもんな（笑）。

スポーツの苦手なオレがスポーツをやりたくなるときだって、たとえば、野球がやりたくなるときって、何か、やりたくなる何かがあるんだよ、チアガールを見ると興奮するとかな（笑）。

何かがあるんだよ。

じゃなかったら、やりたくねぇもん、オレ（笑）。

わかる？


だから、あなたも、もし、運転できるようになるんだとしたら、そのときは、何か、あるんだよ。

きっとワクワクするようなことが、ある。

そうならないときはやる必要がない。

◆

それでな、いいかい、よく覚えといてよ。

神が創った最高傑作って、自分なの。

で、野球の球が怖いのって、個性なの。

好きな人間が、野球をやりたい人間だけでやってりゃ、いいんだよな。

やりたくないのに、無理してつきあうことなんかない。

そう思うよ、オレは。


オレなんか、子どもの頃、野球やらされんのがホント、ヤでさ。

学校で体育の時間に先生が「今日は野球やるから」っていうと、一人さんは、

「オレ、外野を守りまーす」

とかいって、ずぅーっと走ってて。

そのまま、へいを飛び越えて、家に帰っちゃうんだよ（笑）。

その後は、休みになっちゃうんだけど（笑）。

帰っちゃっていいんですか？——って、あなたの学校のことはわかんない（笑）。


オレの場合はよかった。

ルールすら知らないオレがウロウロしてるぐらいなら、好きな本でも読んでたほうがよっぽどマシだと思わない？

オレは思うんだよ。


だから、オレとキミの違いは何ですか？——といったとき、とらえ方なの。

同じ野球ができないことを、自分も、周りで聞いてるみんなも、楽しく笑える話として話すかどうか。

それで、オレの場合は、運転が好きになったのは、ドライブが好きだから。
でね、運転てね、ホントいうと、誰でもできんだよ。
前を見て、ゆっくり走ってりゃいいんだよ。
わかるかい？
シンプルなの、この世は実にシンプル。

◆

運転はな、いくら下手でもいいの、それ、罪になんないんだよ。
だから、ゆっくり走ってりゃいいの（笑）。
ゆっくり走ってりゃいい。

他の車がスイスイ走ろうが、そんなこと、知ったこっちゃない（笑）。

三車線あったら、自分はいちばんはじっこで、ゆっくり走ってりゃいいの。

だって、運転がヘタだから、という理由で、おまわりさんはあなたを捕まえられないんだから。

逆をいうと、ウマくたって、免許もってなきゃ、捕まっちゃうんだよ。


あのな、みっちゃんも、昔はペーパードライバーだった。全然、運転できなかったんだよ。

ところが、オレが「みっちゃん、仕事しな」っていったときにね。

群馬の館林というところで、仕事を始めたんだけど、電車で通えるようなところじゃなかったの。

新小岩から館林にある会社まで、車で通わなきゃなんなかった。

そしたら、みっちゃんが「車、運転できない」っていうから、

「オレの命、みっちゃんに、預けてあげるから」

って一人さんはいって、みっちゃんの車の助手席に乗って。

それで、さらに、車に若葉マークを四つ、つけさせて（笑）。

そんとき、オレがいったのは、

「みっちゃんな、自分を信じちゃダメだぞ」って。

「自分がヘタでも、周りはウマいんだから、周りを信じればいいんだよ。自分はひたすら、ゆっくり走ってればいいよ」って。

だって若葉マークが四つもついてりゃ、ヘタに決まってんだから（笑）。

ゼッタイ周りが避けるから大丈夫なの（笑）。

自分を信じるんじゃないの、ひたすら周りを信じて、まっすぐ走るしかない。

前しか見ちゃダメなの、横とか後ろは見なくっていいの。

そんなのは、周りの人がやることで、ひたすら周りを信じる（笑）。


そういう話をして、オレは横に乗っかってて。

「みっちゃん、事故、起こしたら、オレ、いっしょに死んでやるから、そのまま行きな」って。

あとは、ゼッタイ、何も口出ししないの、オレは。


そうやって、二人で館林まで行って、帰ってきて。

次の日からは、みっちゃん、自分ひとりで運転してった。

まったく、免許とって何年間も、乗ったことなかったんだけど、それが今じゃ、ウチの社長たちのなかで、いちばん乗ってるし、いちばんセーフティドライバーなんだよ。

あのさ、運転がウマイっていうのは、みっちゃんみたいに何十年と運転してても、一回も事故を起こさないで乗ってりゃ、運転がウマいんだよ。

それと、みんなはね、運転の教え方が下手なんだよ。

オレの場合は、東北縦貫とか、連れてっちゃうの。

「はい、まっすぐ運転」

指示はそれだけ。

いろいろ、させちゃダメなの。

まっすぐ運転することだけさせると、青森なら青森まで行って帰ってくると、たいがいは乗れるようになっちゃう。


その間ね、うるさいこと、いっちゃダメなの。

ともかく、隣に乗る人間はね、死ぬ気で乗ってりゃ、いいの。

それを、あーしろ、こーしろ、ゴチャゴチャいうと、頭がパニクっちゃうから、ダメなんだよ。


だから、運転を教えるときのコツはね、みっちゃんが死ぬときはオレも死ぬ（笑）。で、死ぬときは、寿命なの（笑）。

だから、もう覚悟の問題。

◆

一人さんってさ、泳げないいんだよ。
だけど、そんなこと、どうでもいいの。
だって、泳げない人ってのは、おぼれないいんだよ。
泳げないと、おぼれるような気がするけど、そういう人って、水のあると
こ、行かないいんだよな。
海に行ったって、オレは水がおへそより上にくるところには、行ったりしな
いんだ（笑）。
わかるだろ？
船なんか乗ると、なんだっけ？　そうだ救命胴衣《きゅうめいどうい》、あれの傍《そば》を片時も離れ
ずいるからな（笑）。
だから、乗客のなかで、いちばんに助かるのはオレだよ（笑）。

泳げないは、おぼれない、なの。

それと同じで、球が怖くて球技が苦手です、ということは、球に当たって死ぬ確率は低いんだよ。

わかるかい？

野球をやらなきゃ、デッドボール、受けないだろ。

だから、必ずね、悪いことの反面には、〝いいこと〟があるの。

そしたら、〝いいこと〟を強調するの、自分の人生で。

悪いほうへ目が行っちゃうとよくないから、〝いいこと〟を強調する。

わかるかい？

だから、人間には苦手なことが必ずあるんだよ。

だけど、自分ができないがゆえに、得なことって、ゼッタイあるの。
まず、それ、探すこと。

見つかると、ふつうね、ふっと、肩の力が抜けるんだよな。
そうすると、できることもあるの。
恐れがあるとできないの。
だけど「これ、得じゃん」と思ったときは、恐れがなくなるよな。

オレなんかの場合、野球に対する恐れはないの。
ただ、やりたくないの（笑）。
オレはできないから、やらない——じゃないの、オレには野球に対する恐れはないの。

恐れはなくても、やりたくない。
だから、人間は何でもできるんだよ。
どうせ何でもできるから、自分がホントにやりたいことを精いっぱいやりたい。

だからね、いろいろ、気にしなくていいの。
必要のないことができたって、なんの足しにもなんない、そうだろ。

ちなみに、キミ、いちばん最後に、野球やったのはいくつ？
三〇年前か。
キミは三〇年間ひきずっちゃったんだな。
人間って、そんなもんなんだよ。

信じられないかもしれないけど、三〇年間も、自分の役に立たないことで傷ついて、それをひきずっちゃってる。

バカバカしいよ。

やっぱり、一回、心のふるさとへ、記憶のなかを旅して、それをひっくりかえしてこないとね。

じゃなかったら、どうしようもないんだよ。

◆

ホントにみんな、方程式だろうが、英語だろうが、使わないもので傷ついてんだよな。

無理して、いっしょ懸命、覚えたことって、あるだろ？

いま、使ってるもんって、ありますか？　って、ないんだよ、ホントにないの。
だから、自分が傷つくためにやったようなもんだよな。

ただな、魂って傷つかないの。
ホントの話、魂って、傷つかないんだよ。
魂って、ろうそくの炎と同じようなもんだからな。
炎って、針で刺そうが、何しようが、傷つかないだろ。
傷つくのは、フイルムに傷がつくんだよ。

あのな。
魂という、灯りがあるとするとな、心にフイルムみたいものがあるんだよ。

そのフイルムに光を当てて、映写してんだけど。

人生ってな、自分の思ったことが映写されて出てくるんだよ。

思ったことが映写されるんだよ。


だから、キミみたいに「自分は怖がりだ」というフイルムが入ってると、怖がりの世界が映像として出るんだよ。

で、一個に傷がつくと、機械全体に、ぴぃーっと、フイルムに傷がつくんだよ。


映写機のフイルムが回ってるところのそばに、ぼっちみたいの、できたら、フィルムにピーって傷がつくじゃん。

それが三〇年前に、野球が苦手だ、っていう、ぼっちみたいのが出ちゃったんだよ。

そうすると、その、ぼっちがフイルムに当たって傷がついて、その映像に影響が出るんだよ。

わかるかな?

だから、三〇年前に出っ張った、心の傷みたい、ぼっちみたいのが、いまだにスクリーンに、映っちゃうんだよな。

だから三〇年前にさかのぼって、変えてこなきゃダメだよな。

◆

〝自分さがしの旅〟に出かけて、一つひとつ、くるっくるっと、いいほうに、ひっくり返すといいよ、って、オレは提案したよな。
オレがみんなにしてあげられるのは、提案までなの。
何でかって、じっさいに旅に出るのは、自分。
あなたの〝自分さがしの旅〟は、あなたにしかできない。
どういう解決のし方をするか、オレにはわからないの。

だから、たとえば、なんていうのかな。
オレは野球は嫌だったんだけど、すごくいい人間で、つきあいがよくて、
やってたんだよな、とかさ。
この、つきあいのよさは生かさなきゃ、ダメだとか。
自分が納得するものを出していけばいいだけなんだけど、何を思ったら、納
得するかは他人《ひと》にはわからないの。

それは、自分のなかの、ゲームみたいな、もんなんだよ。
この問題をどういうふうに処理したら、裏返せるか、っていう。

それに何年かかってもいいの。
何年かかってもいいから、裏返す努力をはじめただけで、別の人だな。
大丈夫か？　オレ、ワケわかんないことといってないか？
大丈夫。そうかい、ありがとう。

だから、どういうふうに裏返すかは、オレにはわからないの。
オレのやり方と、キミのやり方とは違うから、キミの心は納得しないと思うんだよ。
オレなんかだと、

「オレはいい人だったからさ、野球、嫌いなのに、みんなにつきあってやってて。オレがいないと、人数が足りなくて、野球、できなかったからな」

とかな。

「オレは度胸がいいから、ふつう、あれだけ球を怖がってる人間、野球できないもんな」

とかね。

あのな、「度胸がいい」ってどういうことか知ってるかい？

怖くてもやる、ってことが「度胸がいい」なんだぞ。

怖くない人、というのは、ただの鈍感なんだよ。

最初っから怖くない人は、にぶいんだよ。

そういう人って、意外と大成しないの。

いいかい。


成功者は、怖くてもやる、慎重にやるから、失敗しないようになるの。

最初っから怖くない人はただ無謀なだけ、計画性がないんだよ。

だから、会社興したりなんかしても、「こいつ、大丈夫か、正気か」って思うようなことをやる人って、怖くない、というよりも、無謀なんだよ。

まぁ、たいがい、ウマくいかないけどね。


だから、キミ自体、球が怖いのに、野球やってた。

一人さんだったら、間違いなく、塀を乗り越えて帰ってるよね（笑）。

オレなんか、みんなが野球やってる間、長いことひいきにしてる居酒屋で、焼きとりとチューハイで一杯やっちゃってて（笑）。
だから、考え方によるとな、キミはヤなことでも、やってたんだから、度胸がいいの。
他のヤツは好きでやってただけだからな。

わかるかい？
〝自分さがしの旅〟というのは、そこへ行って、どうひっくり返すか、っていう、心の修行なんだよ。

◆

こういうのってさ、「オレはこういうとき、こうしました」っていうの、みんなで話し合うと、ワザが増えるよな。

だから、「自分はこういう旅に行って、ここで、こういうことあったけど、こういうふうに、ひっくり返しました」って。

「僕だったら、こう、ひっくり返します」とかっていうことを、仲間と研究して、みんなでいろんなワザを覚えたらいいよな。


だから、柔術とか、空手とかの道場、あるじゃん。

ここは心の空手道場みたいなもんで（笑）。

いくつワザ、知ってるか、だよな。

そのワザなしで生きてる、って、つらいよな。

だから、ある意味、オレは達人だったのかもわからないよな。

明るく楽しく生きることの達人な。

オレはこのワザをもってなかったら、いじけちゃったかもわからないな。
オレって、子どものときから病気だったろ。
成績は悪いだろ、運動はできないだろ。
けど、明るかったな。悩んだこととか、ってないな、そのことで。

もちろん、「あなたも、一人さんみたいになれ」って、いってるんじゃないよ。
みんなは、みんなのやり方でいいんだ、自分の心が納得すればいいんだよ。
ただ、気にするに値しないことで気にしてるのはバカバカしいよな。

だから今からでも遅くないから、みんなで、〝自分さがしの旅〟に出かけてみよう。

明日の自分のために。

おっ、もうこんな時間か。
今日は遅くまで、オレの話につきあわせちゃって悪かったな。
でも、楽しかったよ、ありがとう。

今度はオレが、みんなの話、聞かせてもらう。
キミたちが楽しい土産話もって帰ってくるの、楽しみに待ってるよ。

じゃ、またな。

おわりに

人間は、本来、強い意志をもっている。その強い意志で、人生という大海原を自由自在に渡っていける。

その自由意志が使えないのは、過去の、負の遺産というべきささいなこと、実際に何の影響もしていない失敗談が、心のサビとなり、ガチガチに、意志という舵を固めて、動けなくしている。

心の旅をして、心のサビをキレイにとりのぞくあなたは、自分の行きたいところに行き、思うような人生を生きられる。

さあ、自分さがしの旅に出かけよう。

明日の自分のために。

斎藤一人

さいとうひとり公式ブログ

http://saitou-hitori.jugem.jp/
一人さんが毎日、あなたのために、
ついてる言葉を日替わりで載せてくれています。
ときには一人さんからのメッセージもありますので、
ぜひ、遊びに来てください。

お弟子さんたちの楽しい会

◆斎藤一人 一番弟子――柴村恵美子
恵美子社長のブログ
http://ameblo.jp/tuiteru-emiko/
恵美子社長のツイッター
http://twitter.com/shibamura_emiko
PC サイト　http://shibamuraemiko.com/

◆斎藤一人　ふとどきふらちな女神さま
――舛岡はなゑ
http://ameblo.jp/tsuki-4978/

◆斎藤一人　みっちゃん先生公式ブログ
――みっちゃん先生
http://mitchansensei.jugem.jp/

◆斎藤一人　芸能人より目立つ!!
365 日モテモテ♡コーディネート♪――宮本真由美
http://ameblo.jp/mm4900/

◆斎藤一人　おもしろおかしく♪だから仲良く☆
――千葉純一
http://ameblo.jp/chiba4900/

◆斎藤一人　のぶちゃんの絵日記
――宇野信行
http://ameblo.jp/nobuyuki4499/

◆斎藤一人　感謝のブログ　４匹の猫と友に
――遠藤忠夫
http://ameblo.jp/ukon-azuki/

◆斎藤一人　今日一日、奉仕のつもりで働く会
――芦川勝代
http://www.maachan.com/

４９《よく》なる参りのすすめ

４９なる参りとは、指定した４カ所を９回お参りすることです。お参りできる時間は朝10時から夕方５時までです。

◎１カ所目……ひとりさんファンクラブ　五社参り
◎２カ所目……たかつりえカウンセリングルーム　千手観音参り
◎３カ所目……オフィスはなゑ　七福神参り
◎４カ所目……新小岩香取神社と玉垣参り
（玉垣とは神社の周りの垣のことです）

ひとりさんファンクラブで４９なる参りのカードと地図を無料でもらえます。お参りすると１カ所につきハンコを１つ押してもらえます（無料）。

※新小岩香取神社ではハンコはご用意していませんので、お参りが終わったらひとりさんファンクラブで「ひとり」のハンコを押してもらってくださいね!!

ひとりさんファンクラブ

住　所：〒124-0024　東京都葛飾区新小岩1-54-5
ルミエール商店街アーケード内
営　業：朝10時～夜７時まで。
年中無休電話：03-3654-4949

各地のひとりさんスポット

ひとりさん観音：瑞宝山　総林寺
住　所：北海道河東郡上士幌町字上士幌東４線247番地
電　話：01564-2-2523

ついてる鳥居：最上三十三観音第二番　山寺千手院
住　所：山形県山形市大字山寺4753
電　話：023-695-2845

観音様までの楽しいマップ

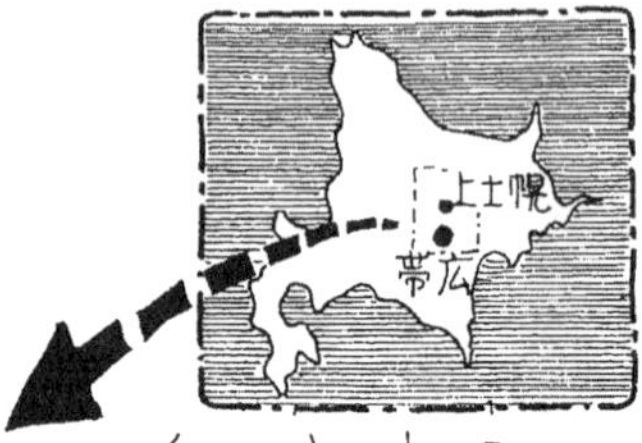

① 愛国←→幸福駅

『愛の国から幸福へ』この切符を手にすると幸せを手にするといわれスゴイ人気です。ここでとれるじゃがいも野菜・etcは幸せを呼ぶ食物かも!特にとうもろこしのとれる季節には、もぎたてをその場で茹でて売っていることもあり、あまりのおいしさに幸せを感じちゃいます。

② 十勝ワイン（池田駅）

ひとりさんは、ワイン通といわれています そのひとりさんが大好きな十勝ワインを売っている十勝ワイン城があります

★十勝はあずきが有名で『赤い宝石』と呼ばれています。

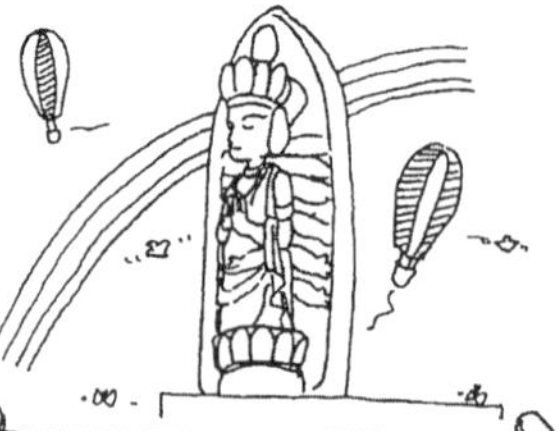

★ 観音様

ひとりさんの寄付により、夜になるとライトアップして、観音様がオレンジ色に浮かびあがり、幻想的です。

この観音様は、一人さんの弟子の1人である柴村恵美子さんが建立しました。

③ 上士幌

上士幌町は柴村恵美子が生まれた町。そしてバルーンの町で有名です。8月上旬になると、全国からバルーンミストが大集合。様々な競技に腕を競い合います。体験試乗もできます。ひとりさんが安全に楽しく気球に乗れるようにと願いを込めて観音様の手に気球をのせています。

④ ナイタイ高原

ナイタイ高原は、日本一広く大きい牧場です。牛や馬、そして羊もたくさんいちゃうのヨ。そこから見渡す景色は雄大で感動!!の一言です。ひとりさんも好きなこの場所は行ってみる価置あり。

牧場の一番てっぺんにはロッジがあります（レストラン有）。そこで、ジンギスカン焼肉・バーベキューをしながらビールを飲むとオイシイヨ!とってもハッピーになれちゃいます。それにソフトクリームがメーチャオイシイ。2ケはいけちゃいますヨ。

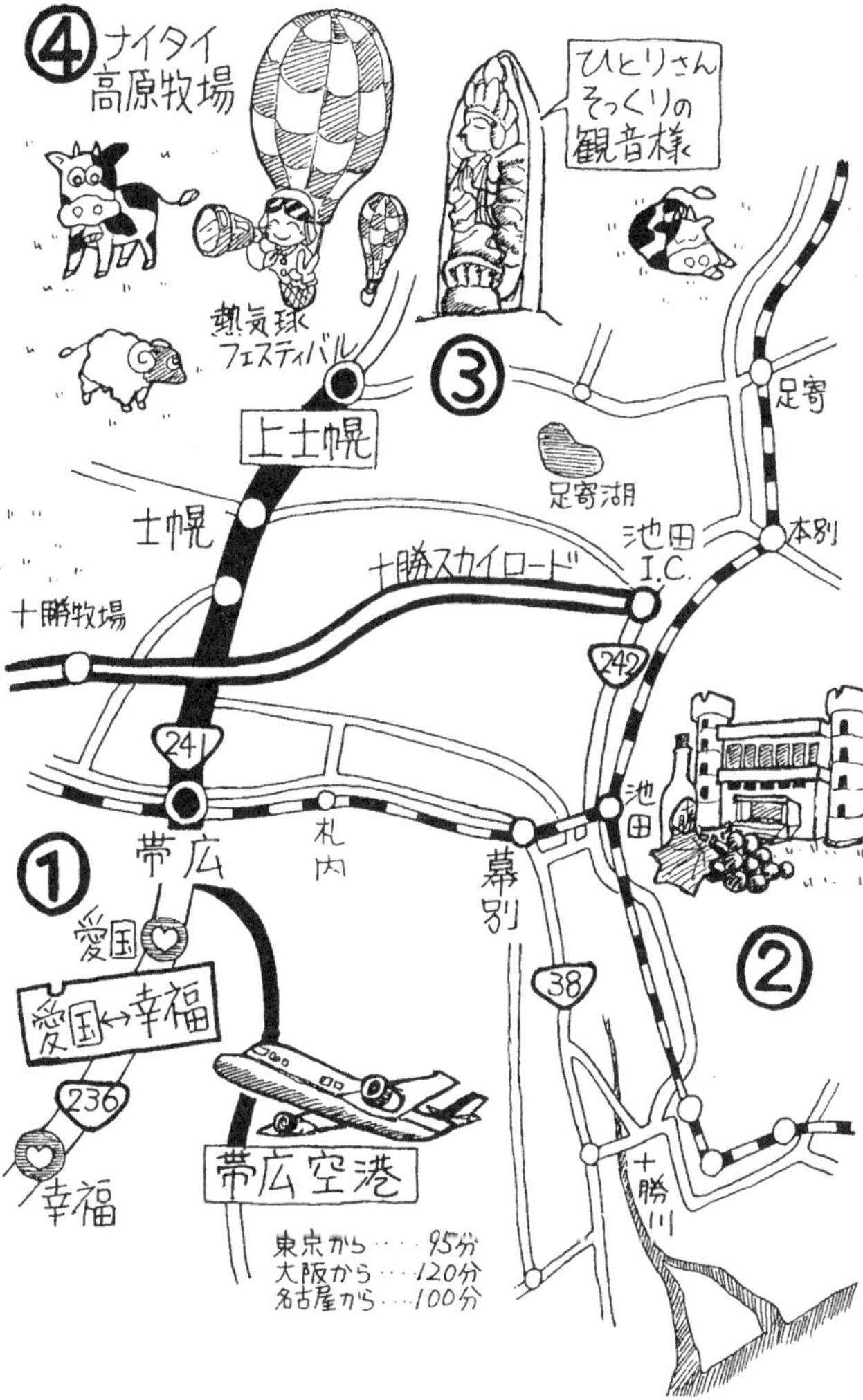

④ナイタイ高原牧場
熱気球フェスティバル
ひとりさんそっくりの観音様
③
上士幌
足寄
足寄湖
士幌
池田I.C.
本別
十勝スカイロード
十勝牧場
242
241
池田
帯広
札内
幕別
①
②
愛国
愛国↔幸福
38
236
幸福
帯広空港
十勝川
東京から……95分
大阪から……120分
名古屋から……100分

斎藤一人さんのプロフィール

東京都生まれ。実業家・著述家。ダイエット食品「スリムドカン」などのヒット商品で知られる化粧品・健康食品会社「銀座まるかん」の創設者。1993年以来、全国高額納税者番付12年間連続6位以内にランクインし、2003年には日本一になる。土地売買や株式公開などによる高額納税者が多い中、事業所得だけで多額の納税をしている人物として注目を集めた。高額納税者の発表が取りやめになった今でも、着実に業績を上げている。また、著述家としても「心の楽しさと経済的豊かさを両立させる」ための本を多数出版している。『変な人の書いた世の中のしくみ』『眼力』(ともにサンマーク出版)、『強運』『人生に成功したい人が読む本』(ともにPHP研究所)、『幸せの道』(ロングセラーズ) など著書は多数。

1993年分――第4位	1999年分――第5位
1994年分――第5位	2000年分――第5位
1995年分――第3位	2001年分――第6位
1996年分――第3位	2002年分――第2位
1997年分――第1位	2003年分――第1位
1998年分――第3位	2004年分――第4位

本書は平成二四年一一月に弊社で出版した
書籍を新書判として改訂したものです。

自分さがしの旅

著　者　　斎藤一人
発行者　　真船美保子
発行所　　KK ロングセラーズ
東京都新宿区高田馬場 2-1-2　〒 169-0075
電話 (03) 3204-5161(代)　振替 00120-7-145737
http://www.kklong.co.jp
印　刷　　大日本印刷(株)　製　本　(株)難波製本

落丁・乱丁はお取り替えいたします。
※定価と発行日はカバーに表示してあります。
ISBN978-4-8454-5058-9　C0230　Printed In Japan 2018